· · · · · · · · · · · · · · · · · · · · · · · · · · · · · · · · · · ◆ · · · · · · ◆ · · · · · · · ◆

· · · · · · · · · · · · · · · · · · · · · · · · · · · · · · · · · · ◆ · · · · · · ◆ · · · · · · · ◆

· · · · · · · · · · · · · · · · · · · · · · · · · · · · · · · · · · ◆ · · · · · · ◆ · · · · · · · ◆

Date : _____

Date : _____

Date : _____

Date : _____

Date : _____

Date : _____

Date :_____

Date : _____

Date : _____

Date : _____

Date : _____

Date : _____

Date : _____

Date : _____

Date : _____

Date : _____

Date : _____

Date : _____

Date : _____

Date : _____

Date : _____

Date : _____

Date : _____

Date : _____

Date : _____

Date : _____

Date : _____

Date : _____

Date : _____

Date : _____

Date : _____

Date : _____

Date : _____

Date : _____

Date : _____

Date : _____

Date : _____

Date : _____

Date : _____

Date : _____

Date : _____

Date : _____

Date : _____

Date : _____

Date : _____

Date : _____

Date : _____

Date : _____

Date : _____

Date : _____

Date : _____

Date : _____

Date : _____

Date : _____

Date : _____

Date : _____

Date : _____

Date : _____

Date : _____

Date : _____

Date : _____

Date : _____

Date : _____

Date : _____

Date : _____

Date : _____

Date : _____

Date : _____

Date : _____

Date : _____

Date : _____

Date : _____

Date : _____

Date : _____

Date : _____

Date : _____

Date : _____

Date : _____

Date : _____

Date : _____

Date : _____

Date : _____

Date : _____

Date : _____

Date : _____

Date : _____

Date : _____

Date : _____

Date : _____

Date : _____

Date : _____

Date : _____

Date : _____

Date : _____